바람이 사는 밭

시인의 말

　동생이 비 내리는 신갈나무 숲길로 떠난 지 십수 년이 흘렀다. 살아 오면서 구겨진 영혼 주머니에 담고, 아린 손으로 매만지는 세월 지나니, 파도치는 방파제에 서 있는 흰 머릿결이 바람에 휘날린다.

　멀리 희미한 수평선에 걸린 고향집 어머니 얼굴이 보이고, 그리움에 달빛 꿈길로 탱자나무 울타리 양철대문 열고, 툇마루에 앉았다 돌아오곤 한다.

　삶이란 무엇일까
　오늘도 바람부는 방파제에서 상실감 후회감에 젖어, 깊은 외로움에 구름을 쫓다가, 포구의 배를 보며 희망을 기다린다.
　시는 눈물로 키운 꽃이며 눈물로 희망을 새기는 비석이다.
　이제는 살아온 세월 나를 우울하게 했던 슬픔의 찌꺼기들을 바닷가 포말속으로 다 내어주고, 여생길 희망을 찾아 호젓이 걷고 싶다.

지난 시간 국보 아카데미에서 시의 꿈을 무지개처럼 솟아나게 지도해 주신 스승 이오장 교수님께 진심으로 감사의 말씀 올린다.

끝으로, 생의 길동무가 되어준 아내와, 항상 수고 많고 고마운 아들 한솔, 한결, 며느리 윤정 소중한 사랑꽃 유나, 유빈 손주와, 이 순간을 함께 누리고 싶다.

2024. 8.
만경강 길에서 南川

/ 차례 /

제1부　사유와 희망

연鳶이 되어　/ 10

사랑의 약속 - 목련　/ 12

가지의 꿈　/ 14

밝은 세상 꿈꾸며 - 벚꽃희망　/ 16

폭우 그치고　/ 17

여유를 찾다　/ 18

침묵의 파문　/ 19

주머니 속 빈손　/ 20

가을비　/ 21

은행꽃으로　/ 22

뱁새 뼛골 빼기　/ 23

빈 가지의 바람집　/ 24

바람이 불면　/ 26

덜꿩나무 아래서　/ 27

은행 낙엽　/ 28

굳게 잡은 손 - 폭포　/ 29

광대나물　/ 30

강물 되어　/ 31

이정표　/ 32

제2부 고향과 그리움

고향 가는 기러기 　/ 34

어머니 새 　/ 35

월명산 구절초 　/ 36

새창이 도라지꽃 　/ 38

아침 밥상 　/ 40

누이꽃 　/ 42

만경강 백구정 　/ 43

빨간 기와집 　/ 44

깽깽이풀 　/ 45

명자꽃 　/ 46

해바라기 모녀 　/ 48

하얀 돛단배 　/ 49

어머니 사랑꽃 　/ 50

고향 가는 바람아 　/ 52

폐가의 나팔꽃 　/ 53

고소동 달동네 　/ 54

모자의 강 　/ 56

영주네 빈대떡 　/ 58

겨울 섬진강 　/ 60

박하사탕 　/ 62

/ 차례 /

제3부 삶과 외로움

바람에 남긴 자리 - 백일홍 / 64

붉은 튤립여인 / 66

삶의 한가운데 / 67

바람이 사는 밭 / 68

봄날은 간다 / 70

하루꽃 / 71

방파제에서 / 72

피우지 못한 꿈 - 각시붓꽃 / 74

싸리재 너머 봄은 오고 / 76

자귀나무꽃 / 77

사랑꽃 노래 / 78

노령역 지나며 / 79

가을산행 / 80

등대를 찾는 길 / 81

생의 길목 / 82

손등 일기장 / 83

목화 두 송이 / 84

낙인이 된 자화상 / 85

길손 / 86

제4부 흔적과 소망

도산서원 – 퇴계를 만나다 / 88
하회 별신굿탈놀이 / 90
섬섬옥수 – 매창을 그리며 / 92
부용화 사랑 / 94
병산서원에서 / 96
추사의 길 / 97
송강별곡 / 98
능양군은 왕인가 / 100
심양 가는 길 / 102
길 잃은 여인들 / 104
홍살문에 기대어 – 추사를 그리며 / 106
패랭이꽃 / 108
오엽송 / 109
비로자나불 / 110
여명의 기도 / 111
죽단화 유감 / 112
매미소리 / 114
해바라기 수녀 / 115
임진강에서 / 116
하늘나리 / 118

작품해설_ 이오장 시인   / 119
– 자연과 하나 되는 삶을 점철시켜 이해하고 해석하는 과정 밟기

제1부
사유와 희망

추운 바람에 흔들려도
하얀 희망 피어난다

연鳶이 되어

날아올라
하늘 붙잡으러 간다

들녘으로 달려가는 아이들
날개 펴고 파릇하게 손짓하며
소리 내어 바람 부르고

개울 넘어오는 바람이
이마를 스치는 하늘 아래
연을 날리는 동심

세찬 바람이 휘몰아쳐
양쪽 귀와 열십자 가슴 열고
가미 먹인 말꼬리로 중심 잡는다

콘크리트 도시숲
마음껏 펼치지 못하는 날갯짓에
부딪치며 찢긴 상처

막힌 희망의 공간 너머
해 질 무렵 줄 잡고 날아 보자
오르고 내려가는 자유의 연

색종이 붙여 구름 가까이 가면
귓달 꽁숫달로 가벼운 비상
마중 나온 보름달이 밝은 얼굴 비춘다

사랑의 약속
– 목련

생기를 맞이하는 산책길
하얀 그리움 길게 걸려있다

겨우내 시린 기다림
만물을 반기는 봄볕에 반짝이고

나뭇가지에 앉은 꿈
새들의 날갯짓으로
무지개 생명들 춤을 춘다

긴 밤 견디어낸 계절
숲 헤치고 찾아온 사랑의 약속
손잡은 설렘이 피어난다

봄볕에 고운 가슴 열고
아낌없이 내어주는 고백에
어깨너머 웃는 순백의 얼굴

때묻지 않은 순결로
강 건너 찾아온 손님
새로운 소망길 펼친다

손 모아 잡은 고귀한 사랑의 꽃
미소 띤 하얀 얼굴에
생명의 숨결 맞춘다

가지의 꿈

새들 날아간 바람 부는 언덕
얼굴 내민 작은 가지

긴긴날 서있는 고통
발길에 차이고 밟혀도
꽃피울 봄꿈 간직한다

비가 오지 않는 척박한 땅
아무런 손길 닿지 않아도
자연의 섭리 품은 존재

지금은 고난의 언덕배기
발뿌리 키우는 눈물의 시간
꿈으로 위로받는 인내

얼마나 길어야 할까
가슴 벅찬 봄날이 오면
화려한 숨결 내쉴 텐데

추운 바람에 흔들려도
파릇한 초록의 소망 키우며
햇볕의 꿈을 가진 가지

자랑스러운 모습에
가만히 귀를 대본다

밝은 세상 꿈꾸며
— 벚꽃희망

정성으로 자란 곁가지에
희망 감싸 안은 꽃송이리
꿈을 향해 손짓한다

사르르 떠는 몸짓에 깊어진 그리움
밤새운 설렘의 언어 쏟아내며
오랜 소망 활짝 연다

화장한 얼굴로 꿈이 열리는 기운
십일홍 굵은 선으로 살다가
점 자국으로 사라지는 흔적
축제는 황홀한 순간일 뿐인가

엷은 가지 꽃잎
나붓이 날아 허공을 맴돌다
하얀 점 하나 바닥에 뒹군다

희망은 매일 피어나는 아지랑이
수평선 힘차게 솟는 해 기다리며
밝은 세상을 꿈꾼다

폭우 그치고

강둑까지 무너뜨린 폭우
고목을 뽑아내 바다로 흘러간 뒤

흙탕물에 젖어 누웠다가
머리 털고 일어서는 풀들이
초록빛을 풀어낸다

햇볕은 고추잠자리 불러
춤추게 하고
흥겨운 제비 날아올라
짝 찾는 매미를 노린다

대지는 아픔을 잊고
본래 모습으로
일어서며 기지개 켠다

몸부림치던 들판이
흘러가던 구름에 업혀 산을 넘는다

여유를 찾다

산비탈 언덕 개나리
산들바람과 어울려 노란 춤춘다

날아든 꾀꼬리 추임새 넣고
휘파람새 소리 따라
햇살 감아 도는 제비

귀 세운 느린 걸음으로
사뿐히 걷는 산책길
전원 교향곡 객석이다

산자락 높낮이에 맞춘
안단테 음표의 선율 따라
삶의 색깔에 어울린 발길

힘겨운 고비길 사이
처음의 다짐으로 계단을 오르며
풍성한 꽃길 걸어간다

울렁이는 가슴밭에
샘솟는 소망 꽃구름 피어오른다

침묵의 파문

머릿결 빠진 고목
석양빛 구름에 물들면
마디마디 빈 가지 고비길
풍상에 이슬 맺히고

인고의 시간 돌아보는
대답 없는 침묵의 파문이
지붕에 쌓인 낙엽에
바람길 묻는다

찌그러진 양철 대문
밀고 나오는
노파의 주름진 얼굴에
잠시 머무는 사잇바람

꿈 찾아 걸어온 세월
기둥에 새겨진 나잇살
주름으로 겹치고

한 세대 깨우치는
지상의 목탁 소리
바람 붙잡아 고개 넘는다

주머니 속 빈손

낮달이 떠난 자리에
구름 붙잡고 앉은 언덕집

풍경화 펼쳐진 옥답산야
녹색 시절로 나무들 불러내고

공중에 걸린 창문가
황톳빛 표정으로 앉은 새들이
무거운 어깨를 기대는 흙담

바쁜 일상에 끌려가며
주머니 속 빈손이 숨 쉬고 있다

순식간에 지나간 날들
바람길에 널린 아쉬움만
엉켜진 거미줄로 흐늘거리고

성적표 그린 바람에
죄 없는 흰머리만 만지작만지작
가방 꿈 뒤적이며 찾는 사이

시간을 싣고 달리는 기차
과거를 풀어낸 실타래
새 도화지에 펼치며 언덕 넘어간다

가을비

처서 지나도 여전한 무더위
더위 밀어내는 가을비

반갑다고 짖어대는 까치
나뭇잎 흔드는 날갯짓에
들바람 일어난다

기쁜 소식 길목마다 뿌려 주고
계절 어귀에 희망을 채우는 빗소리
메마른 발길 촉촉이 적셔준다

땡볕에 시들었던 초목들
생명 줄기 앞다퉈 세우고
초록 들녘의 풍요 하늘에 펼친다

계절의 끝자락에
지쳐가는 삶이 깊어질수록
다가와 위로하는 단비

수확을 기다리는 감나무
풍성한 꿈빛으로
익어가는 가을을 매달고 있다

은행꽃으로

뿌리 내릴 나의 길잡이
가지가 끊어지게 바람이 분다
따라가다 멈추는 곳에

몸 떨쳐 잎 틔우고
땅속 생명수 빨아들여
온몸으로 끌어안을 햇볕의 땅

생명의 그물망 펼쳐진 옥토에
출렁이는 물과 공기
새들의 낙원으로 가꾸고

초록 영혼 촉촉이 적셔
세상 품어 일궈낼 옥석 땅에
화석의 표상으로 남아

거센 바람에 휘날려도
흔들리지 않는 나무로 서서
사랑꽃 피우고 싶다

뱁새 뼛골 빼기

오목눈이 둥지에
몰래 알을 낳는 가여운 뻐꾸기

주인집 알보다 먼저 깬 새끼
오목눈이 알 밀어내고
혼자 먹이 받아먹으니
어미 뻐꾸기 소리 커진다

제 새끼 알 떨어뜨리고
둥지 차지한 눈속임의 자식
제 집에서 태어난 뻐꾸기 부양에
뱁새 뼛골 빠진다

여름 끝자락 밀어내고
뻐꾹뻐꾹 제 이름 외치며
작별 없이 날개 펼치는 어린 새

백일의 탁란 터전 박차고 올라
고향 등지고 남쪽으로 떠나간다

빈 가지의 바람집

바람이 분다

넉넉한 그늘로 살았던
벚나무 노란 잎
화려한 시절 지나
마지막 춤추며 떨어진다

높았던 꿈의 계절
바람 부는 시간을 꽃으로 살다
한 송이 한 송이 떨어지는
빈 가지의 바람집

욕심 내려놓고 자유를 꿈꾸며
뒤따른 갈바람에 쫓겨
훨훨 날아간다

가진 것 다 내어주고
비움으로 채워진 들판에
우두커니 선 나무는
혼자 힘으로 견딘다

가을 깊어지는 길목
옷 다 벗어내고
날아든 새에 자리를 내주며
하늘 향한 기원을 풀어낸다

바람이 불면

갈대가 바람을 불러
싱그러운 물결로 출렁인다

거친 땅 부여잡은 갈퀴꽃
보라색 억센 손 뻗친 들판에
계절의 수채화 펼치고

시름 섞인 바람이 불면
아린 삶이 살아 꿈틀대고
그늘진 사진 몇 장 벽에 걸어
살아갈 이유를 더듬는다

잠시 머물다가 간 유채꽃 언덕
금계국 노랗게 물들이고
바람 불면 흔들리는 숲
다시 일어서는 갈대 춤을 춘다

자연의 리듬 따라 나는 새들
길을 몰라 망설이는 바람에
이정표 물어 몸을 싣는다

덜꿩나무 아래서

햇볕 드는 숲 덜꿩나무
굽이진 강언덕 바라보며
둥근 잎으로 하루를 꿈꾼다

추위 이겨낸 독한 고집에
유채꽃 피어 무르익은 봄
하얀 별꽃소망 모여있다

얼룩지고 불순한 색깔 다 버리고
속살까지 하얗게 물들이는 열정

가운데 키 높이로 서서
속 빈 허망보다 내면에 뜬 눈
굴절된 세상 균형을 잡는다

몸 갉아 먹는 해충 밀어내고
따스한 햇살 아래
부드러운 속 살결 보여준다

하늘 향한 가지에 맺힐
붉고 둥근 열매의 꿈
먼 산 너머 가을을 부른다

은행 낙엽

희미한 밤거리 덮은 낙엽
초록의 일생 마치고
마지막 희생의 이불을 펼친다

떠나오며 새긴 다짐으로
힘겹게 뒤척거리며
서리 내린 땅을 품고
무거운 짐 내린 가벼운 영혼
허상의 옷 벗어 던지고
해탈의 몸으로 보여준다

손 놓지 못한 잎사귀의 집념
밤바람에도 움켜쥔 가지에
별 하나에 반짝이는 희망 전하고
가로등 불빛에 묻혀가는
초록시절 사라진 걸음에
밤길 밝혀주는 갈잎

막힌 골목 계절의 이정표
망설임 없이 땅을 뒹굴어
새봄의 약속 펼친다

굳게 잡은 손
– 폭포

깊이를 드러내며 떨어지는 폭포
하얀 거품의 고백이
천둥소리로 울린다

포말로 부서지는 허망
세상의 푸념 물안개로 날리며
분노의 조각들 물결로 출렁인다

무심한 바위를 향한 외침
여울이 되어 파도를 뛰어넘고
힘찬 머릿결로 물살 헤쳐 맞는
잔잔한 강물의 포옹
갈대가 흔들어 위로한다

굴절되고 멍든 상처
강물의 깊이로 어루만지며
고개 들고 일어서는 다짐

거센 물살 굳게 잡은 손이
무지개 그리며
먼바다의 여정 펼친다

광대나물

먹구름 지나간 논밭길
햇볕 펼쳐진 무대
광대들 모여 춤을 춘다

부처를 감싼 산들바람에
궁따 덩따 장구를 치며
개나리보다 먼저 알리는 봄소식

보라색 소매 가냘픈 손놀림
움츠린 초목들 향해
대지의 공연 펼친다

쓰고 매운 독초들 많은 세상밭
팔다리 저리는 통증 잊어버리고
기운 돋는 순결한 봄볕에
살맛나는 된장국 끓이고 싶다

기름 고여가는 사색의 핏줄
쇠약해 지는 생의 몸짓
일으켜 세우는 광대들의 춤사위
보라색 봄의 향연 물결친다

강물 되어

굽이굽이 흘러온 강물이
거센 물살로 바위에 뛰어내린다

몸부림치며 흩어지는 꿈의 파편들
부서진 조각들이 강 모퉁이에 모여
추스르며 일어서는 하얀 결심
좌우로 다지는 내일의 몸짓인가

상처로 단련된
멍든 가슴 끌어안고 흐르는 사이
고비 넘긴 자유로운 물결이
새들 불러 희망의 날개 펼치고

낮달 그늘에 지워
과거의 물결이 잦아든 시간
깊어지는 강줄기

생의 파고 따라 무심히 흘러
다시 밀려올 거센 물살 맞이할
깊이가 된다

이정표

달이 집에 돌아간 시간
어두운 이정표 앞에 서 있다

인적 없고 흐릿한
가로등 불빛에 숨어있는 꿈들
갈림길에 서성거리고

목적지 잊은 채 달려온 길
빈 가방이 손을 잡고 멈춰 서서
삶을 기웃거린다

해가 마중 나오지 않은 시간
불빛을 찾는 그림자 분주하고
희미한 거리 여명을 재촉한다

동네 가게 앞 새벽 일꾼들
커피 한잔에 추위를 달래는
미지의 땅에 서 있는 이방인

하루 임금의 이정표 가늠하며
뚜렷하게 바라보는 길목
어스름 길 위에 삶을 펼친다

제2부
고향과 그리움

그리움이 물든 숲
고향가는 바람아

고향 가는 기러기

고향으로 가자
겨우내 웅크린 둥지
들녘에 두고

십만 리 먼 하늘길
높은 구름 너머 바람 헤치고
고향을 찾아가자

비켜나지 않는 바람
온몸으로 부딪쳐 날아가면
멀리서 불러주는 어머니

산 넘고 바다 건너
아득히 먼 곳이라도
따뜻하게 맞이해줄 손길

꺾이지 않을 힘을 주고
반갑게 맞이해주는 고향
희망의 날갯짓 힘이 솟는다

어머니 새

가을빛 찬란한 억새꽃 언덕
장대에 앉아 꿈꾸는 솟대
하늘길 바라며 구름 붙잡는다

꿈속에서 이뤘던 꽃구름
바람이 흐트러뜨리고
손끝 닿을 때마다 일그러진다

긴 여정의 저녁놀
황금 불꽃으로 피어나도
접힌 날개 펼치지 못하는 나무 새

새벽마다 소리 없이 울던 울음
깃발에 걸어 흩날려도
움켜쥔 발가락엔 이슬이 젖고

풍신(風神)에 두 손 모은 어머니 그림자
달그림자에 묻힐 때까지
하늘 바라는 모가지 숙이지 않는다

월명산 구절초

월명산 언덕
저녁노을 희미해지고
금강 물결 따라
살랑거리는 구절초

감촉 향기에 취해
산길 걸어가는 강 건너
장항제련소 굴뚝에 걸린 그리움
석양빛 물들어 바다에 누웠다

노을 밀어내는 바람 따라
실려 간 짙은 향기에
갈매기 날아와
하현달 기다리는 보라색 그림자

서리 지붕 아래
달빛 속삭이는 마당
배 아픈 아이 약손으로 문지르며
꽃물 저고리에 묻힌 향기
천정에 퍼져간다

청초한 눈망울 별빛 부르다가
바닷가 꽃길 달리는 어린 사슴
어머니 얼굴 보며 잠들었었다

달그림자 붙잡는 석비례 언덕
사랑의 꽃 그리운 물비늘
달빛 바다에 비친다

새창이 도라지꽃

만경강 하류 새창이 다리
동지산리 갈산 언덕에 핀
환하게 웃는 도라지꽃
기다리던 님 찾아왔는지

하늘까지 휘감을 듯
허공을 안아 들고 솟아났다
햇볕에 말문 터져 건네는
사모의 입술
님을 향한 언약으로 열렸다

하얀 드레스 단아하고
보랏빛 저고리 우아하여
맞이하는 님보다 먼저
바람이 달려간다

강가를 날던 새들
반가운 날갯짓에 강물 출렁이고
손님 맞는 신창상회 늙은 주인
환한 얼굴 도라지 꽃빛이다

사는 집보다 빈집이 많은 동네
사람보다 바람이 짙어
내려앉는 저녁놀 길게 누웠다

아침 밥상

황조기 떠 상자에 실려
증기기관차 양철 대야
아줌마들 손에
중앙시장이 열린다

추자도 법성포 칠산 앞바다
대나무 통에 소리 들켜 그물에 잡히고
위도 파시 선유도 지나
해망 선창가 밥상에 오른 참조기

익산 중앙동 창인 평화동까지
아침의 활기 피어나는 동네
어머니 양동이로 오 남매 하루 열고
자전거로 일터에 나가는 아버지

꿈속의 시절 그리워
활기찬 시장길 따라
천천히 걸어보는 길

기억 속 황조기가 헤엄치고
어머니 발자국 새겨진 돌판에는
양은대야 자국 선명한데

자전거로 떠나신 아버지의 길
대문 앞 골목에
자욱한 안개 피어올라
먼 길에서 기침소리만 들린다

누이꽃

월명산 하늘에 달이 된 누이
보라색 영혼 산기슭 내려와
푸릇한 물감 풀어낸다

가을볕에 반짝이는 꽃잎
싱싱하게 윤기나는 생명들
메마른 가슴 채우고

온 산 약초 캐러 다닌 시절
병든 어머니 섬기는 정성
곧은 마음 톱니걸음에
상처로 향기 짙은 쑥부쟁이

머리맡 마르지 않는 약사발
허기진 동생들 달랜 쑥버무리
어머니 떠난 숲속의 세월
고개 넘는 산길에 핀 누이꽃

달빛 따라 집으로 가는 길
아리는 아픔으로 차오르는 달이
양철대문 열린 마당에 가득하다

만경강 백구정

황금들녘 푸른 물결 만경강
어린 은어 떼 은파되어 넘어오는 듯
살아있는 생명들 밀려오네

백구정 나루터 갈대밭 멀리
넓은 어깨 운장산 세 봉우리
만경 팔경 바라보고
코스모스 가을볕에 미소 짓네

오랜 세월 마을을 지킨 당산나무 백구정
시간 속 평온을 찾아가는 길
어린 시절 동네에서 보았던
영혼의 자리 머물러 있는 나룻배

줄 당겨 강 건넜던 사람들 소리
갈대숲 바람에 들려오고
당산나무 백구정에 서려 있는
수백 년 숨결 강물에 출렁거리네

빨간 기와집

아파트 단지 넓은 길 사이
언덕길 오르는 빨간 기와집
부농의 흔적 짙게 남았다

세월 키운 나무숲에 묻혀
얼굴 내민 지붕
할머니 이야기 방안에 들리는 듯

런닝 자전거 반기던 대문
옥양목 젖으며 채운 물항아리
멍석 깔린 마당의 그림자
이끼 낀 지붕 아래 누워있다

마루 끝 걸터앉은 지팡이
장독대 뒤란 풀들 바라보며
떠난 자식들 기다리고 있는지

이방인들 터 잡은 마을
순이네 덕이네 다 떠나고
빈집들 외로운 조각난 고향

이끼 덮여 얼룩진 동네길
저녁노을 붙잡으며
자식들 발걸음 기다린다

깽깽이풀

월명산 달이 된 어머니
솔숲 이끼 낀 바위 언덕에
슬픈 사연 약초꽃 피었다

연보라색 깽깽이 꽃잎
여러 꽃실 작은 손 모아
하늘 바라며 소원 빈다

가산 기울어 병든 어머니
열꽃 신음 내며
땀을 닦는 머리띠

쑥 뜯어 수발을 드는
곧은 마음자락 극진한 누이
하늘바위에 내려왔다

쓰디쓴 약물 마시며
"웅담 맛이구나" 일그러지는 얼굴

파란 입술이 힘겹게 닿으니
들창문이 깽깽이 소리 내며
바람에 사르르 떤다

산언덕 반그늘 한가로이
보라색 시름 어머니꽃 피었다

명자꽃

이른 봄 명자네 울타리

아담한 구석에 앉은 산당화
자홍색 구슬모양 어린 망울
줄기마다 올망졸망 얼굴 내민다

금방 터질 것 같은 꽃봉오리
바람에 그리움 풀 듯
설렘을 가슴에 숨기고

겨우내 희망 맺힌 가지마다
주머니에 꿀 담는 시간
홍매화 붉은 눈물 터트린다

아버지 병시중으로 애태우는 사이
벚꽃 피는 야속한 계절
약심부름 다녀와 어루만지는 산당화

화려한 봄 먼저 품은 꽃을 보며
느긋이 기다리는 수줍은 미소
고운 향기 빨갛게 피어난다

동네 사람들 많이 찾는 명자
등불 켜고 기다리는 가슴에
그리움에 물든 봄 무르익는다

해바라기 모녀

추석을 앞두고
가랑비에 젖은 해바라기

타향살이 힘겨운 자식들 향한
보름달빛 수심인가

빗길 우산 쓴 여인들
미소 피어나는 바람결에
싱싱한 가을소리 실려온다

치맛자락에 묻혀
마당 멍석에 뒹굴던 시절 보내고
어느새 자식 걸음 써가는
중년의 일기장

양철대문 지키는 어머니
산등성 느티나무에 걸린 아쉬운 손짓

세월 실은 냇물 흘러간 사이
마음밭에 자라난 고향 해바라기
모녀의 뒷모습 희미하다

하얀 돛단배

혼을 불러 동이 튼다
무거운 신발 꽃버선으로 갈아 신고

세상에서 가장 화려한 옷 입고
행복한 얼굴로 고향에 간다

가시덤불 가득한 세상
평화와 손잡고
짐 다 내려놓은 나그네

묶인 옷 붙잡아도 흔들리지 않고
이름 불러도 대답 없다

강둑에서 기다리는 하얀 돛단배
바람에 흔들리고 있다

어머니 사랑꽃

강물 굽이쳐 흐르는 넓은 평야의 습지
갈대숲 사잇길 따라 흐드러진 구절초
어머니의 가슴에 핀다

아홉 마디 꺾인 허리 절구에 넣고
부서진 무릎줄기 방아질에 끓겨
며칠씩 떡을 얹었던 꽃잎
마당 멍석에 눕는다

추운 겨울바람 부는 땅에 버려져도
흙 속에 내린 뿌리 견뎌내고
많은 새순 키우며 기다린 가을
학수고대 모가지 늘어났다

숨 못 쉬게 뜨거운 여름
폭우에 쓸려 잎줄기 상해도
상처 딛고 활짝 핀 구절초

노란 저고리 어머니 그림자
주름진 손가락 갈라진 날개의 꿈
가을에 실려 온 행복의 나래 펼치고

초록의 강 언덕 하얀 사랑의 꽃
그리움 물든 숲 사이
햇볕 안고 흐르는 강물

모진 세월의 그늘 지우며
물빛에 뜬 윤슬로 굽이쳐
온 세상 환하게 밝힌다

고향 가는 바람아

어디로 가느냐
서쪽으로 부는 바람아

세상에 지친 어깨
비 오는 선창가 걷고 싶은 날
먼 길 걷는 힘겨운 삶

달뜨는 탱자나무 고향 집
양철대문 활짝 열고
툇마루에 앉아 울고 싶구나

담장 노란 개나리
양지 마루턱 앉은 식구들
이야기꽃 피어나던 집

등 쓰다듬어 위로해 주는
바느질하는 어머니 곁에서
밤새 눈물 흘리고 싶구나

녹색 꿈결 안고
고향으로 가는 바람
덧없는 세상 달래주며
흰 머릿결 날리는 바람아

폐가의 나팔꽃

언덕 위 폐가에 하얀 나팔꽃
발길 멈추게 하네

세월 넘어 앉아 있는 어머니
하얀 눈물꽃

켜켜이 거미줄 엉킨 대문 사이
떠난 자식들 얼굴 그려졌네

담장 지붕 뒤뜰 텃밭
하얀 꽃의 궁궐

사람은 떠나도 그리운 시절 부르는
빛바랜 가족사진 세월 울리네

해 넘어간 저녁 골목길
어머니 생각에 고개 숙인 나팔꽃

집으로 가는 나에게
고향을 묻네

고소동 달동네

생선 광주리 머리에 이고
선창 고개 올라야 하는 언덕마을

가난의 세월이 만든
어머니 얼굴
주름마다 파도 소리 묻혀있다

고단한 몸으로 바다를 일구며
갯내에 젖어
맑은 영혼으로 숨 쉬는 바닷가

아름다운 풍경 머무는 곳에
가볍게 찾아드는 관광객
천사마을 벽화 앞에 추억을 풀고

고소동 언덕 평상에 앉아
찻잔 속 담기는 바다를 마시며
갯마을 역사를 넘겨본다

날생선 쌓인 수산시장에서
짐바리 끌어가며 일군 살림
떠나간 자식들이 알아줄까

종고산 돌아 나온 고깃배 소리에
돌산대교 난간에 걸린 석양
섬 자락에 누워 바다를 덮는다

모자의 강

서둘러 가는 퇴근길
환한 달빛에 넓은 신작로
마중 나온 어머니 손잡고
집으로 가는 길

하얀 저고리 연보라색 치마
집안잔치 다녀온 즐거운 이야기
어둠에 꽃을 피운다

보름달빛에 젖어
바위에 앉아 물 찾는 어머니
별 따라간 기억 더듬는다

불빛 보이지 않는 길
어딘가에 있을 가게를 찾아보지만
가로수 그림자만 짙다

목축이자 늘어질 생각에
서두르다 놓친 어머니 손
길 끝인데 어디 가셨을까

사방을 헤매다 묶인 걸음
옥죄어 오는 두려움에 가위눌려
번뜩 깨어보니 꿈이다

아들이 보고 싶어
저승에서 돌아오셨다가
잠깐 살펴보고 가신 어머니

창문에 걸터앉은 달 속에
분바른 얼굴로 활짝 웃으시며
손 흔들어 주신다

영주네 빈대떡

이른 저녁 중앙시장 거리 들어서면
먼 곳에서 잘 보이는 간판
영주네 빈대떡집

고단한 하루의 시름이 모여
막걸리 한 잔 안주 한 점으로
피곤을 풀고 마시는 잔술

딸과 사는 여인은
슬픔을 밀가루 반죽에 숨긴
세상 바람에 흔들리는 갈대

설렘으로 들어서는 시장길
전 부치는 냄새에 발길 재촉하던 집
문이 굳게 닫혀있다

또 한 인연과 헤어지는가
닫힌 문틈의 적막이
비 오는 날을 축축하게 적신다

시장 지날 때마다 생각나는 빈대떡집
작은 도시에 남아
향기꽃 피워내던 곳

생선가게 흔들리는 전등 불빛이
안타까운 걸음 뒤에서
희미한 그림자를 남긴다

겨울 섬진강

지리산 휘둘러
퍼내도 마르지 않는 섬진강

속살 드러낸 강바닥 모래집
순결한 자연의 살갗 내밀어
햇볕에 반짝인다

버들치 참마자 피라미 재첩
팔팔한 생명들이 물결치던
강줄기 잠시 미루고

짙푸른 하늘 아래
상고대 피는 성삼재
골짜기 바람 불어 강물에 손짓한다

검붉은 능선 따라
산마루 걸린 언덕 집들
봄을 꿈꾸는 마음 허공에 펼치고

겨울 산속 커가는 푸른 갈망이
꿈틀거리는 산자락마다
싹을 피워내는 이야기

잠자는 나무 깨우는 바람이
노고단 넘는 구름과 어울려
수천 대 흐를 생명의 젖줄 키운다

박하사탕

거동 불편한 어머니
낯선 요양원 가는 슬픈 날
차에 올라 아무 말 없어
머릿속이 까맣다
어릴 적 급체 복통의 자식 안고
눈물 흘리던 어머니
오이즙 녹두죽 먹고 학교 가던 일
다림질 바지 손길 눈에 선하다
환자복 입은 모습에
목이 메어 문밖에 드나드니
"어디 아프냐, 고생했다 집에 가 쉬어라"
더욱 깊어지는 눈물샘
"갈 길 머니 이젠 가거라 건강해라"
염려 걱정으로 건네주는 박하사탕
떨리는 손에 얹히는 마른 나뭇잎
구름에 앉아 있다
배은망덕의 얼룩 자국
무너진 가슴에 떨어지는 후회의 낙엽
끝없이 솟아나는 사랑으로
배롱나무 꽃망울 가지마다 맺혀있다

제3부
삶과 외로움

삶의 녹음 빛깔
강물 깊이에 잠긴다

바람에 남긴 자리
– 백일홍

녹음 짙어가는 만경강 길
봄 자락 벗어내는 구렁이 되어
금계국 배롱나무에 몸이 젖는다

얼마의 껍질 벗겨내고
몇 차례 옷깃을 여며야
맑은 살결 비출까

꽃무늬 난방 녹색 바람에 실려
주홍넥타이 날리던 시절은
잠바에 허둥대던 육십령 고빗길

밑동 잡아 흔들어 보니
골진 발자국 꿈틀거리고
얼룩 없는 자리 찾기 어려운데

주름에 바둥거리던 허물의 떨림
분바르고 대문 나서던
그녀의 고운 얼굴 가지에 걸려있다

계절이 떠나며 바람에 남긴 자리
빨강 분홍 차곡차곡 쌓으며
회상의 걸음 멈추는 백일의 꽃

가지마다 옷을 벗어 빛나는 나무
힘찬 삶의 녹음빛깔
흐르는 강물 깊이에 잠긴다

붉은 튤립여인

벚꽃 아래 눈부신 튤립여인
바람꽃잎에 내민 손
행운을 잡으려는가

윤기 나는 머릿결
연분홍 얼굴 붉은 입술이
매혹스런 춤으로 봄날을 흔들고

눈부시게 화려한 몸놀림
날리는 꽃잎에 빠져들어
제 색깔을 잊는가

물밀듯 일어나
물결치는 바람의 사연
지나쳐 버린다

하늘로 곧게 솟은 꽃기둥
갈라지지 않은 연정의 뿌리
어긋난 길목에서도
외떡잎 순정 언덕에 빛난다

삶의 한가운데

숱한 사연 실은 기차
무더운 시간 위를 달린다

지평선 울리는 바퀴소리
무거운 삶을 지고 삐걱거리며
철바퀴에 감겨 엉킨 마음들

다른 색깔과 조각무늬들
맞추려 바둥거리는 세월의 언저리
내일을 꿈꾸며 강 언덕 달리고 있다

행복한 만남은
소중한 시간에 머물러 있고
그리운 사람 기억을 더듬으며
바람에 귀 기울이는 연정

지난 일 꿈꾸듯 돌아보는 일기장엔
삶의 흔적 새겨진 조각글씨
시름의 구름에 걸려 있다

다시 쓰는 안개 속의 다짐
대지를 울리며 펼치는 고동소리
생의 끝 알지 못하는 시간을 달린다

바람이 사는 밭

손 내밀어도 만질 수 없고
다가갈수록 멀어지는 구석에
앉을 수 없는 의자 놓여있다

간직하고 싶은 소망의 시간
만질 수 없는 허망의 몸짓으로
허공만 움켜쥐는 빈손
멀어지는 등대 불빛에 손짓하고

화려한 꽃밭에서
짙은 향기에 벌 나비 어울려
입맞춤하던 꿀밭

시든 꽃 사라진 겨울 언덕에
빈 주머니 만지작거리며
그리움 펼치는 바람의 자리

향기 짙게 퍼지는 꽃밭에서
사랑의 허기 채웠던 봄날
따뜻한 햇살에 하루가 지나고

바람이 사는 밭
갈망의 몸짓으로
앉을 수 없는 빈자리

봄날은 간다

유채꽃길 이어진 산비탈
휘파람새 소리 녹음에 숨어들고
강물에 꽃잎 흘러간다

언덕에 앉아 쑥 캐던 아낙네
치마폭 감기는 갈퀴꽃
꿀벌이 찾아든다

꽃기운 시들어 가벼워진 몸
흰머리 만지며 걷는 길
아쉬운 손짓으로 꿈결 더듬는다

괭이밥 듬성듬성 핀
호랑나비 떠난 냇가
철쭉꽃 손 흔드는 계절의 이별

햇살 따가운 영토에 머문
토끼풀 꽃반지 언약
기약 없는 기다림에 봄날은 간다

하루꽃

가을바람 소리에 깨어나
꿈틀거리는 생각의 물결
빛에 출렁인다

꿈길의 바다 건너온 영토에
외로운 그림자의 설렘이
시작의 꽃을 피운다

햇빛에 깨인 숲
흔들어 깨우는 갈바람이
낙엽 일으켜 길 여는 아침

생명의 새소리에
기지개 켜며 일어서는 들녘으로
희망이 퍼진다

황금물결 출렁이는 대지에
힘껏 발자국 찍으며 시작하는 하루
먼 산이 달려와 가슴에 숨 쉰다

방파제에서

바람이 쉬는 바다를 마주하고
방파제에 앉으니
과거의 실타래 풀어진다

그때는 왜 그랬을까
아쉬운 일기장 펼쳐지며
후회의 뭉게구름 지나가고

바다도 그걸 아는지
성난 파도 일으켜
바윗돌에 발길질한다

가누지 못하는 몸부림
세차게 부딪치는 가슴에
포말로 부서지는 회한

그가 떠나고 몸살로 누운 며칠
격랑에 휩쓸리는 조각배에서
이정표 잃고 표류한 시간

얼룩진 얼굴로 빈 어깨 누르며
깊이를 가늠하는 삶의 등대
어디쯤에서 다시 비출 수 있을까

남은 일정표 수평의 길 찾기
바다를 막은 방파제에서
무지개 펼쳐진 하늘 그린다

피우지 못한 꿈
– 각시붓꽃

재 넘어가는 산기슭 그늘
녹색으로 자란 잎
하늘 바라는 각시붓꽃 피어있다

바람에 흔들리는 몸가짐으로
잎 높이보다 짧은 꽃줄기
피우지 못한 꿈 꾸는가

한 뿌리에서 자란 거미골짜기
꽃마을 고향 집 대가족
등록금 없어 접은 꿈
한 맺힌 보라색 슬픈 얼굴이다

그늘진 토양에 못 자란 줄기
길게 뻗다 구부러진 자리에
단단한 꽃대 아름다운 꽃잎

꽃봉오리 먹물 묻힌 붓으로
가지 못한 길에서
희망의 무지개 그린다

세 갈래 암술머리 받친 꽃잎
보라색 꿈 하늘로 곧추세워
놓쳐버린 흰구름 따라간다

싸리재 너머 봄은 오고

봄볕에 녹아든 보고 싶은 사람
전신에 밀려오는 뭉클한 기운

들 건너 아지랑이 추억을 불러오고
찻잔에 녹아든 기나긴 포옹
산천이 기지개 켠다

물결치는 희망으로 깨어난 생명
언 땅에 누운 싹 일으켜
세상을 따뜻이 품고 있다

강물은 동토를 녹여 흘러
땅속 굳어진 생각과 열정의 꿈
언덕마다 피어오르고

추운 들녘 배회하며
빈 어깨로 기다린 그대
싸리재 넘어 봄이 온다

서글픈 손으로 꼭 안고 싶은 그대
봄길 따라 어서 오라

자귀나무꽃

추운 바람 달가닥거리는 소리에
겨울눈 떨어지겠는가
금슬로 이룬 씨앗 품고
창가를 지키는 자귀나무
담장에 핀 꽃수술
암수 한 꽃 가지 끝에
분홍 비단실 산들거린다
서늘한 숲보다
사람을 좋아하는 나무
거친 밭 세상
옹이 손에 쥔 자귀대로
밭고랑 이룬 그대
시골길 아늑한 양지 마을
저녁 밥상에 피어나는 금슬
노을 지고 달뜨면
차 한 잔에 고단을 접는 지붕
햇볕에 굽혀진 줄기 일어나
솜뭉치꽃 피어있는 마당에
희망의 무지개 자욱하다

사랑꽃 노래

파도에 얹힌 무한의 그리움
바위와 손을 잡는다

밤새워 꽃피운 바닷가 둥지
행복의 속도로 넘어가는 시계바늘
철썩 소리에 갯바위 잠을 깬다

해변 아침 햇살에
솔가지에 앉은 새들 눈 비비고
발등 적시는 해방된 시간
끝없이 걷는 바닷길

절벽 기둥에 가로막힌 바람이
구름 쫓아 모퉁이 비껴가는 하늘
삶을 위한 걸음으로
먼 길 찾아와 자리 편 가족

날개 펼친 갈매기
한꺼풀 벗긴 사랑꽃 노래
파도에 그린 악보 읽으며
수평선 멀리 날아간다

노령역 지나며

녹색 시절을 찾아가는 여행
기다림이 쌓인 울타리 넘어
설레는 바퀴가 앞서 달린다

노령산맥 줄기 아래
눈에 들어온 옛 노령역
구름도 쉬어 넘는 갈재고개

젊은 자화상 그려 놓은 곳에
구름 따라 흘러간 푸른 꿈
희미한 기억에 누워있다

빛바랜 지붕 간판
그늘에 풍상 흔적 남기고
해방구 찾아 표류했던 산그림자

메마른 가슴 떨쳐내며
얼굴 없는 바람이 적막을 깨워
수십 년 넘어 갈재를 달린다

가을산행

가을 산에 오른다
숨 가쁘고 힘겹게 걷는 오름 산길
꺾인 고비길 눈앞에 펼쳐있다
살붙이 같던 사람
가을 저녁 모퉁이길
긴 그림자 남기고 떠난 뒤
구멍 난 일상이 일그러진 파편 되어
낙엽 따라 바람에 날리고
외로움 삭이며 지내는 시간
거친 숨결에 바위를 차고
다리가 아파진다
어깨 한쪽이 비어있는 자리
사라져 가는 소중한 것들
가슴에 거둬들이며 걷는다
산등성 끝자락에 올라
땀 닦으며 풍경을 바라보니
멀리 더 높은 산들 버티고 있다
슬픔 없는 삶이 어디 있으랴
갈 길 먼 여정 견디고 올라서
향기 있는 인생꽃 피우련다

등대를 찾는 길

평탄히 걸어오다 골목에서 막힌 삶
벽 너머 희망을 넘본다

다짐하며 떠나는 거친 바다
원양어선 거센 파고 넘어
어망줄 굳게 잡고 버티는 생명

끌려가면 바닷물에 떠날 운명
폭우에 악물고 사선 넘어
거친 숨으로 세상에 앉아있다

무너지고 넘어진 몇 번의 낙마
다시 일어설 수 있을까
소나기 그치고 무지개 보이는데

냇물 건널 때 죽을 고비 넘기듯
사지의 고비 지나면
절망의 깊이 잘 건널 수 있으리

세차게 흔들리는 배
태풍에 파도 헤치며 등대 찾아간다

생의 길목

양쪽 하늘 가르는 까마귀 떼
갈림길 남아있던 무리
선택의 순간 한쪽을 따라간다

많은 사람이 걸어온 길
발자국 이정표 사라지고
희미한 흔적에 녹색 살피는 걸음
윤기 흐르던 머릿결
양철대문 페인트 껍질 되어
바람에 날릴 뿐 따라가기 어렵다

푸른 시선은 강물에 굴절되어
아쉬운 물결 출렁거리고
저녁노을에 되새기는 시간
다음이 없는 생의 길목
미래를 묻는 여행자
어둠에 그림자 지웠다

대답 없는 바람이 구름 붙잡아
허공에 만든 시간의 강물
합류하지 못해 동동거린다

손등 일기장

책장 넘기다 눈이 가는 손등
자꾸 바라본다

세월에 말린 주름 거미줄 되고
곳곳에 터 잡은 붉은 버짐
얼룩진 시간의 흔적 뚜렷하다

손가락 마디 틀어진 굴곡 사이
상처로 숨 쉬는 구비길 아리게
뒤집어 보는 서글픈 손의 고백

잘못 들어선 행로였을까
여러 갈래 손금 인생고랑 펼쳐있다

지나온 우윳빛 시절 사라지고
발자국 메말라 흐물거리는 껍질뿐

거꾸로 읽는 손등일기
어스름 담장 너머 석양 길에
또 하루의 흔적 새겨진다

목화 두 송이

따스한 일요일
휘어진 골목길 걸어가는
목화꽃 두 송이

성경책 가방 들고
굽은 등 땅으로 떨어지는 팔
평생 함께 걸으며 꼭 잡은 손
굴곡진 생의 거울

끄덕없는 철길 같지 않아
의자되어 기울어진 삶
잡아주는 서로의 손이 필요하다

철길은 혼자 갈 수 없는데
기울어진 몸 꼭 잡고
골목길 걷는 하얀 꽃송이
금계국 흐뭇하게 미소 짓고

걸음을 재촉하며 둘러보니
교회첨탑 우뚝 서서
나의 길을 묻는다

낙인이 된 자화상

기침을 한다
고인 물 쏟아내며 기침을 한다

아픈 허리 잡고 종일 뱉어낸 가래
다 끝난 줄 알았는데
밑바닥에 터 잡은 바위

굴절된 세상에 빠져
뼛속까지 오염된 뿌리
지워도 지워지지 않고
퍼내도 솟아나는 탁류인가
하늘이 머리 위에서 빙빙 돈다

끝나지 않는 기침이 속물로 새긴 비석
위선으로 낙인이 된 자화상

탈진한 석양에
어두워 가는 산을 보며
비스듬히 누운 가로수길
떠오르는 달빛이 몽롱하다

길손

창문을 두드리는 비 새벽 꿈길 깨우고
여명 따라가는 아쉬움 한 겹 한 겹 지운다

가을인가,
움켜쥔 녹음을 태워 가는 노란빛의 재촉
우거진 숲을 가리킨다

마음 깊이 새겨진 이름들 불러보는
뜨거운 기억의 소용돌이

별 떨어지는 듯 가슴에 내리는 빗소리
잠든 영혼을 깨우는 소리

방황의 시절
뒤따르는 망설임을 촉촉이 적셔
눈물의 풀잎을 닦는다

그리움 짙어가며 열리는 파란 하늘
서글픈 조각 허공에 던지고
황혼의 길손으로 흘러간다

제4부
흔적과 소망

서리맞은 소나무
아침 해를 향한다

도산서원
– 퇴계를 만나다

상덕사 하늘에
등불이 된 퇴계선생
수백 년 선비의 촛불 밝힌다

주자학 서까래 하늘 받치고
변색한 세상 수막새의 눈빛
추녀마루 망와에 햇살 번뜩인다

학덕을 흠모하는 유생들
선비정신 세운 삼문의 기둥 되어
성리학의 문 여닫는다

대사성 참판 벼슬 싫다 하고
낙향하여 세운 도산서당
주자전서 성리학의 대성에
사방에서 모여든 학자들
글 읽어 덕을 쌓는다

성학십도 명저로 국은國恩에 보답하니
화공이 그려온 도산병풍
임금이 조석으로 흠모하고

오행 질서 밝혀낸 노학자
매화분에 물주고 의관을 정제하여
동방의 별이 되었다

사림의 기개 서린 도산서원
대대로 이어갈 혼 뿌리 숨 쉬고
흘러가다 감격한 구름이
바람 따라 용마루 넘어간다

하회 별신굿탈놀이

신내림 받은 서낭대
국사당 삼신당 돌아 나와
탈춤마당 한바탕 풍물 울린다

벽사 액풀이 주지마당
꿩털 꽂힌 사자 한 쌍 춤을 추고
백정 할미 파계승 탈춤에
신성한 터전 되어가는 하회마을

신분차별 반상의 세상
얼굴 감춘 탈을 쓰고
양반들 향해 풀어내는 한풀이

웃음에 발톱 감추고
쓴소리 마음껏 내뱉는 해학마당
표정 없는 양반들
빨아대는 장죽 연기에
서민의 맺힌 한 타들어간다

피 토하고 죽은 허 도령
김씨 처녀 서낭신 위로하는 별신굿
혼례마당 춤추는 마을 사람들
무병안녕 풍농을 기원한다

삼신할미 정월 대보름달 비추니
그늘진 하회 강변 마을에
풍요의 계절이 찾아온다

섬섬옥수
— 매창을 그리며

목화꽃 태워 참기름에 재운 화묵청
고풍스러운 푸른 눈썹 그린다
비단 펼쳐내는 글귀 들고
청상으로 향하는 버선발걸음

마당에 들어서자 한눈에 들어온
서울 장안의 시선(詩仙)
인사 끝에 술잔 한 순배 돈 후
자리 틀어 앉아 거문고 줄 고른다

여섯 줄에 맞춘 춤사위
종달새 날아오르듯 해당화 입술에
요염한 나비 앉아 팔랑거리고

하얀 목덜미에
흘러내린 머리카락 한 올
노랫가락 넘나드는 오동나무 울음소리
구름이 멈추고 버들가지 춤춘다

흥취에 써 내린 일필휘지
'일찍이 알려진 남국의 계량
참모습 선녀가 내려왔구나'

감동의 자리에 멈춘 노랫가락
햇살에 반사된 거문고 나뭇결
비취색 수정처럼 반짝인다

사르라니 떠는 눈썹
섬섬옥수 내준 설레는 가슴
사창(紗窓)을 잡고 떤다

부용화 사랑

광덕리 무덤가에 핀 부용
고운 얼굴로 기다리는 여인

부사 나리 싯귀에 취해
하얀 자태 분홍 매무시로
물들이는 순정

열 갈래 주름진 연정으로
십오 년 기생 연못에
흠모의 뿌리 심었다

갈퀴 손가락에
입술 굳게 지킨 망울
여름 소낙비 산천에 뿌리고

젖은 꽃잎마다
매혹적으로 붉어진 얼굴
왕꽃선녀 언덕에 찾아왔다

떠난 님 그리워 뒤꿈치 들고
나무 위로 솟아 뭉게구름 쫓는
둥글게 먼 하늘

보름달 지난 자국마다
연홍빛 사랑으로 피어
활짝 웃는다

병산서원에서

선비의 기상 서린 화산 기슭
오백 년 세월의 길 따라
성리학 펼쳐진 배움터에 간다
자연과 하나 된 병산서원
솟을삼문 만대루에 오르니
민자관을 쓴 유생이 된다

사방 산천에 앉은 일곱 칸 누마루
청청하고 꼿꼿한 유생들의 목소리
강여울 되어 흘러가고
당당한 자존심 지켜온 입교당
대청에 무릎 맞댄 유학자의 붓끝은
도학의 칼날로 번뜩인다

병풍 펼친 병산의 푸른 절벽
자연과 한 몸 되어
이상세계에 머무는 시인
낙동강 면면히 흐르는
풍산 종가 서애의 혼 줄기
존덕사 지붕 위 구름 되어 넘어간다

추사의 길

해풍의 파도를 이기고
산정에 우뚝 솟은 기린봉
발아래 포근한 완도
신지도 청산도 감싸 안고
제주 한라산 향해 서 있다

여름날 신록 우거진 산 숲속
듬성듬성 하얀 산딸나무
흰구름으로 떠올라 흩뿌리고

아찔하고 아득한 해남대지
강진만 어루만지며
세한도 그린 추사의 소식
찻잔에 푸는 초의선사

새는 하나의 가지에 있어도
편히 살 수 있는데
목숨 건 작은 배로 유배지 찾아가
함께 지낸 막역 친구

역사를 쓰듯 흐르는 완도바다
한라산 향하여 끝없이 흘러간다

송강별곡

시대의 문장가 송강
성산기슭 무너져
별곡의 강이 흙탕물이 되었다

고약한 성격과 경망한 행동
안하무인 강경 발언으로
삭탈관직 유배의 고립무원

반년의 관동유람
냉해로 고생하는 백성들에게
별곡가사 읊었다

술 끊고 말 함부로 말라는
율곡의 만류에도
정여립 사건의 형관되어
죽이고 귀양 보낸 천여 명의 동인 원혼
텅 빈 궁궐 낙엽만 날리게 한다

동인의 영수 모함과
세자책봉 주청에 임금이 분노하고
명천 유배지 술만 마시고 시를 쓰다가

명나라 사은사
왜군철수 거짓 보고에 물러나
술독에 빠져 병사하니
깊어지는 왜란 나라가 위태로웠다

별곡의 대가 성산진리 무너지니
송강촌 허망의 강물 출렁이고
북풍한설 멈추지 않는다

능양군은 왕인가

반정으로 왕위에 오른 능양군
혁명군에 업혀 백성 보호 못 하고
머리를 아홉 번 찧는 굴욕 당했다

청태종에 점령당한 한양도성
불길에 휩싸여도 눈만 멀뚱멀뚱
남한산성에 들어가서도 지른 호통
백성들 원성에 묻혔다

수십만 명이 토해낸 통곡에 귀 막고
삼전도 모래밭에 남긴 무릎자국
그대로 굳어 돌이 되었다

볼모로 보낸 자식 손짓으로 배웅하고
돌아와 엎드린 앞에 벼루를 던진
포악의 군주 인조대왕

며느리 손자들 귀양 보내 죽이고도
무덤 하나 만들지 않은 철면피
이 땅의 원성 혼자 들었구나

역사는 이긴 자의 것이라도
문자로 남아 전해지는데
누가 능양군을 왕이라 부를까

애기능 지나는 길손들이
손가락으로 가리키는 곳에
진정한 왕손이 잠들었다

심양 가는 길

함락된 한양도성과 강화도
신하복 입은 능양군
삼전도 모래밭에서 세 번 절하였다

두 남편 섬기지 않는 여인들
능욕보다 강물에 몸 던져
옷자락 낙엽 되어 떠다니고

한겨울 싸움터의 병사들과
죄 없는 수십만 백성들 묶여
구만 리 심양 땅 걸어가는구나

수백 명씩 걷는 고통의 길
통곡의 한 묻고 떠나는 사람들
언제 고향에 다시 올 수 있을까

손 붙든 어린 자식 팽개치는 오랑캐
젖먹이들은 시신들 사이를
기어다니며 울고 있다

굶으며 가는 먼 이국땅
잠자리 없어 옷 벗지 못해
이가 들끓어도 끌려가는 지옥 길

밝은 하늘 사라진 조선천지
강산은 땅 흔들며 통곡하고
희망 없는 초목들도 울고 있는데
임금 옷자락은 금빛으로 빛난다

길 잃은 여인들

조선의 여자들
첩으로 끌고 간 청나라 장수
본처의 투기로 고문받는 여인들
이국땅에 흘린 피 얼어붙는다

집안의 혈육 찾아
옥답 팔아 건너온 조선인들
수천수백 냥 몸값에 하늘이 무너진다

사대부들이야 땅이라도 있어
몸값을 치르지만 가난한 백성들은
하늘만 올려다보는 설움

천신만고 끝 돌아온 여인들
친정집 머물며 설움 달래는데
정조 잃었다 멸시받는 환향녀로
손가락질 당하는구나

조상제사 받들 수 없으니
새 장가 들게 해 달라는 상소문
정녀불경이부 절의에
풍속 무너뜨린다는 싸움질 웬 말인가

억울한 이혼 당하지 않게 하라는
전교에도 환향녀를 버린 사대부들
여인의 고통 안중에 없구나

가정에서 버림받고
친정에서도 외면당하는 여인들
서대문 밖 돌바닥에 새긴 통곡
천년이 지나도 지울 수 없구나

홍살문에 기대어
– 추사를 그리며

언제 오시나
육간대청 눈물로 닦은 세월
솟을대문 울음소리 안고 떠난 님

할아버지 무덤 앞 백송
세 줄기로 하늘에 뻗친 절조가
인고의 풍상에도 변하지 않는다

사랑채 온돌방 대청
주련 기둥에 새기고 간 글씨
어젯밤 불 밝혀 써 놓은 듯하다

뒷산 숲에 울던 새 날아가고
깊어진 침묵의 기다림
내당엔 햇살이 고요하다

대청기둥 잡고 기다린 나날
풍토병 이겨내고 차는 잘 드는지
홍살문 바라보며 눈물 적시는 저고리 끈

꽃이 피고 지고 세월이 가고 오고
자연 이치 변함없는데
떠난 님은 언제 오시나

밤사이 잔잔해진 바닷바람에
몸 실은 작은 배
무사히 건너길 기도하며
대문 열고 동구 밖으로 나선다

패랭이꽃

바위틈에 핀 패랭이꽃
귀 열어 바람에 사연 묻는다

추위에 죽은 줄 알았던 잎
땅속에서 살아 숨 쉬며
봄을 준비하고 있었나보다

자갈 언덕에 가지 줄기 터져
고개 든 홍설 꽃더미
갈라놓은 척박한 땅
휑한 어깨에 흙먼지 날리며
시간의 바퀴에 기어이 꽃잎 채운다

험지에 끈질긴 보부상 닮은 듯
전란에서 민병대로 뭉치는 민초
단단한 내공으로 일어선 패랭이

봄가을 두 번 피는 화려한 시절
하늘의 행운 차지하고
꽃대궐 웃는 얼굴 한창이다

오엽송

비바람 몰아치는 추운 산정에 서서
하늘 향해 직언 올리는 오엽송

오만의 가지 잘라내고
균형의 눈빛 키우는 지조의 높이
꿋꿋하게 한 길만 걷는 선비인가

절개의 나무는 기름진 땅 거부하고
척박한 땅속 깊이 단단한 뿌리를 박는다

오랜 세월 거센 바람에도
절의의 옷가지 겹겹 걸치고
얼어붙은 땅에 선
꿋꿋한 바늘 끝 날카롭다

어지러운 세상
용상 앞에서 목이 잘려도
굽히지 않는 선비의 기개

굳센 발뿌리 근면으로
어느 시류에도 흔들리지 않는다

비로자나불

도피안사 비로자나불
번뇌 태운 구도자
세상과 마주 앉아 있다

탄생미의 단정한 얼굴
두 손 모은 중생들의 눈빛
대해를 바라보는 부처의 환생인가
왼쪽 집게손가락
오른손에 감싸 쥐고
자애의 물결 천지에 출렁인다

청순한 연꽃 세계에 앉아
진리의 불꽃 태우는
속세를 벗어난 열반의 미소로
적막의 세상 깨워
손바닥 펼치는 구도의 길
고뇌의 언덕 넘어간다

불이문 지나 보이는 비로자나불
화엄에 싸인 검푸른 눈빛으로
사해를 비춰 광명을 펼친다

여명의 기도

밝아오는 동녘
윤곽 드러낸 수평선
바닷길 걷다가 눈이 뜨인다

언 땅에 서리 맞은 꽃잎
눈발 뚫고 피어난 얼음새꽃
한 해의 노란 다짐 하늘 향한다

봄을 준비하는 바다
떠오르는 해를 향해 가는 어선들
선잠 깨우는 여명에
하루를 여는 물결이 손짓하고

삶의 계단 어긋난 틈 사이
파도로 메우는 갈매기
뱃고동으로 기원한다

향일암 대웅전 앞에 노승
번뇌의 먼지 닦아내는 걸레질
바다를 향한 법당문을 연다

죽단화 유감

한 뿌리에서 나와
꽃무리에 어울리는 죽단화
불규칙한 톱니에 잎끝이 뾰족하다

녹색줄기 길게 담장 넘을 듯
둥글게 겹쳐 핀 황금꽃
계절의 몸치장 어울린다

어디서 많이 본
친일 후손의 금색
옷차림 찬란한 색으로
가면 쓴 얼굴인가

아름다울수록 숭고해야 할 혼뿌리
결정체 속 결실되지 못한 양심
고상한 변종 미사여구 화려하다

정신 토양에 변하는 색깔
붉은색일까 푸른색일까
미군정에 빌붙어
독립군 가족 빨갱이라 때려잡는
변종이 된 죽단화 사연

자른 가지 알코올에 담근 채
땀 흘린 꽃밭 가득
변색의 바람이 분다

매미소리

바람 타고 오는 소리
분별의 귀를 열어라
옆구리 진동 막 울림통
따라가야 진실을 만난다

위선자들의 절정기
화려한 변색의 분장으로
세상을 물들인다

칠 년의 어두운 시절
수액으로 견디며
성충의 날개시대 기다렸다

한 달은 짧아도
사랑의 소리 들을 수 있다면
새의 공양으로 족하지 않은가

나무 기둥에 붙어
단단한 위선의 껍데기 깨트리는
분별의 귀를 열어라

해바라기 수녀

가을 들녘 금빛물결 따라
논두렁에 하늘꽃 걸음
구름 밟는 성자의 모습인가

허공에 욕망 던지며
천사의 날갯짓으로
호젓한 들길을 가고 있다

길 따라 흘러가는 냇물
언덕에 줄지어 선 해바라기
햇살길 걷는 정심의 수행일까

속세에 계신 어머니 정
아리는 눈물로 기도하며 걷는 수녀

인연을 등진 가시밭을
맨발로 걷듯 다독이며
한발 앞서가는 순례자의 길

걸음만큼 닮아가는 신의 얼굴로
온 누리 감싸는 자애의 빛
하늘대문 열고 사랑의 길 펼친다

임진강에서

생명의 강물 정겨운 산야
아름다운 수채화 펼쳐진다

굽이쳐 흐르는 임진강
한 맺힌 오랜 세월
모래톱으로 갈린 휴전선

아픈 역사는 선을 긋지 않고
구름 안고 흘러가는데
이념으로 나뉜 강변에
새들은 푸른 자유 누리고 있다

철조망 너머 강언덕
모둠발로 바라보는 노인
아리는 아픔 달래며 고향을 달린다

관산 쳐다보는 비통한 얼굴
부모형제 그리워 흘린 눈물
화석이 되어 강을 메꾼다

봄은 찾아오는데
시대의 겨울 속 갇힌 반쪽 나라
푸르른 산하에 꽃은 피고

남과 북으로 갈려 나눠진 사연
어느 물결에 지워져 사무치는가

하늘나리

퇴계마을 언덕에 핀 나리
하늘향한 외떡 꽃잎
붉은빛에 예를 세워
사대부 가문 지키고 있다

일찍 상처하고
재처에 고생한 나리
제사상 음복에 형수께 사죄하고
손수 배를 깎아 부인 달랜다

산고에 처자식 잃고
생모처럼 대하던 계모 죽음에
자식들 시묘살이
효의 구름 지붕 감싼다

관습에 따라 살던 첩
정성을 다하는 집안 살림
터진 손가락 마디 쉴 새 없고
어머니라 깍듯이 대한다

겸손한 몸가짐 차별 없는 사랑에
사후 제자들도 하늘같이 모시는 나리
도를 깨우친 성리학의 어른꽃
대문 앞 하늘 받친 나리꽃 피었다

■ 작품해설

자연과 하나 되는 삶을 점철시켜
이해하고 해석하는 과정 밟기
― 서성권 시집 『바람이 사는 밭』

이오장 시인

　서성권 시인의 시는 하나의 정신세계에 대한 문을 열어주고 현상을 바라보는 각도와 그것들을 사상적으로 파악하는 방향과 정신적으로 지배하는 방법을 읽게 한다.
　사람이 언어 없이 다양한 형상을 설명할 수 없으며 감각적인 자극을 파악하고 정리하는 이해 과정을 수행할 수 없는데 시인은 본능적으로 언어예술 즉 시를 통해서 삶의 세계를 이해하게 되고 자신의 위치를 찾는 과정을 밝힌다. 평생을 교단에 서서 후학을 가르친 선생님의 길을 걸어오며 마주친 수많은 삶의 그림을 품고 있었으나 선뜻 문장으로 표현하지 못하고 망설이다가 정년퇴직 후에야 비로소 언어 예술의 형상을 표현할 기회를 얻었다.
　타고난 천성의 발로에 의해서 시작하며 언어를 사용하는 방법과 수단을 일반인과는 다른 모습을 보여준다는 것을 깨닫는 각성의 빛을 본 것이다. 시를 쓴다는 것은 사람됨과 언어 공동체를 위하여 커다란 의미가 있다. 사람이 말한다는 사실, 즉 언어의 소유는 당연히 개인의 삶과 역사를 위해서 더 큰 의의가 있으므로 그 언어를 통해 예술을 이루는 시 쓰기는 언어의 습득을 일반인과 같을 수 없다. 서성권 시인은 언어 습득이 완전한 것으로 종결할 수 없기에 언어 소유도 일정한 고정적인 형식을 벗어나야 한다는 것이다.

　시인의 언어는 일반인과는 더 많은 풍부함을 지녀야 하고 생동적이어야 하며 퇴영적이어서는 안 된다. 그러나 이 모든 차이에도 불구하고 언어의 소유를 통해서 시인의 성과는 다르다. 이것은 개인적인 성품이나 인격 또는 체험의 다름에서 나타나지만 삶을 위하여 참다운 현실을 얼마나 표현할 수 있느냐에 따르는 능력의 차이라고 할 수 있다. 그러므로 시인이 갖고 있는 언어에 따라서 정신적이고 문화적인 성과와 위치가 정해진다. 사람은 역사적인 존재이기 때문에 그 차이는 시간이 흘러도 변하지 않으므로 시대를 막론하고 출중한 시인이 나타나고 사후에도 이어진다.

　시인이 사용한 언어가 인간의 삶과 개인의 성과를 넘어 역사적이고 사회적인 언어가 되려면 언어공동체를 벗어나지 말아야 한다. 이것은 말을 갖는다는 것, 곧 언어의 소유는 살아 있는 정신에 동참하는 것이며 역사적인 존재가 형성된다는 말이다.

역사적으로 수많은 명시가 탄생하였고 유명한 시인은 많다. 만약 그들이 우주에서 사용하는 말이나 삶을 비껴가는 말을 남겼다면 그 시대는 물론이고 역사적으로 남아 있지 못한다. 서성권 시인은 자신이 지닌 언어 속에 자연적이고 현실적인 체험을 담아내는 선험자다. 언어의 힘은 기계적으로 되풀이 되거나 멈추는 것이 아니고 끊임없는 확장력을 가지고 앞으로 나간다. 그러나 논리적이고 철학적으로 앞서가는 것이 아니라 관찰되지 않을 만큼의 포괄성이어야 한다. 즉 어떤 대상이나 현상을 일정한 범위나 한계 안에 모두 가둬놓아야 한다. 시인은 사유와 이를 통한 인간의 삶과 언어에 의한 지배적인 힘으로 사회에 영향을 주게 되는데 그것을 인식하지 못하고 시를 쓴다면 언어를 갖지 않은 것과 다르지 않다.

서성권 시인은 삶 본연의 자세를 잃지 않으면서도 삶을 천착하는 힘이 강하고 그것을 꾸밈없이 이미지로 변형하여 독자들과 쉽게 만나는 장을 만들었다. 편편 전체가 자연과 하나가 되는 인간의 기본 삶을 점철시켜 이해하고 해석하는 과정을 밟은 것이다.

1. 교육자로서 자세를 잊지 않은 사회적인 섬세함을 지닌 시 쓰기

서성권 시인의 언어사용은 순수한 사물의 지각과 내면적인 경험의 판단에 의해서 이뤄진다. 품고 있는 의문이나 상상의 대화 체계를 사물에서 찾고 경관의 형상과 사유를 점진적으로 새로운 이미지를 만들어 간다. 시의 형성상 순수사유의 언어 사용에 낱말이 가진 의미와 해석을 통해서 문장의 구조를 이루고 심리적으로 관찰된 언어의 순수를 찾아낸다. 이것은 사유의 과정과 언어 소유의 문제를 내적으로 해결하려는 의도를 깊이 가졌기 때문이다. 또한 독자의 이해를 위하여 먼저 화자가 문장 속의 사유를 짚어가며 읽는 이의 이해를 돕는다. 이것은 오랜 기간 교육자로서 자세를 잊지 않은 사회적인 섬세함을 지녔다는 증거다.

생기를 맞이하는 산책길
하얀 그리움 길게 걸려 있다

겨우내 시린 기다림
만물을 반기는 봄볕에 반짝이고

나뭇가지에 앉은 꿈
새들의 날갯짓으로
무지개 생명들 춤을 춘다

긴 밤 견디어낸 계절
숲 헤치고 찾아온 사랑의 약속
손잡은 설렘이 피어난다

봄볕에 고운 가슴 열고
아낌없이 내어주는 고백에
어깨너머 웃는 순백의 얼굴

때 묻지 않은 순결로
강 건너 찾아온 손님
새로운 소망길 펼친다

손 모아 잡은 고귀한 사랑의 꽃
미소 띤 하얀 얼굴에
생명의 숨결 맞춘다

「사랑의 약속 −목련」 전문

 봄은 잃었던 생기를 찾게 하는 소생의 계절이다. 어떤 사물이건 봄을 맞이하여 생생함을 발현시키고 다시 한 생의 꿈을 걷는다. 봄은 꽃의 계절이며 희망의 계절이다.
 그중 목련은 봄을 대표하는 꽃으로 생생한 이미지를 전달한다. 연꽃은 부처의 꽃으로 스스로가 말하지 않아도 삶의 이정표를 세우고 선악의 과정을 미소로 말하는 꽃인데 목련은 나무 연꽃으로 진흙의 연꽃을 일찍부터 알려주는 역할을 하며 사람의 심리를 한 걸음 앞당기는 꽃이다. 그게 진정한 사랑인 것이다.

　사랑은 가만히 있어서는 얻어지지 않는다. 무엇에 의한 기회가 오고 인연에 따라 마음을 기대고 서로 통하든가 아니면 일방적으로 흘러가며 싹튼다. 그러나 약속하지 않은 사랑이라면 고뇌의 시간이 열리고 평생 잊지 못하여 가슴에 멍울을 만든다.

　시인은 사랑의 정의를 쓴 게 아니라 목련을 통하여 생명의 소중함과 삶의 진리를 밝히고 있다. 봄을 맞이한 산책길에 펼쳐진 아련한 그리움을 상기하며 겨우내 가슴에서 숨 쉬던 원초적인 사랑을 풀어낸다. 얼마나 경이로운 장면인가. 새들은 노래하고 무지갯빛 생명들이 춤추는 산야, 해마다 거듭되는 것이지만 올해가 다르고 내년에는 또 다른 세계를 펼쳐주는 자연은 인간에게 얼마큼의 사랑을 베풀고 있는가. 그 속에서 잊을 수 없는 사랑의 빛을 얼마나 큰 광명을 주는가.

　때 묻지 않은 순결로 강 건너 찾아온 봄 손님은 새로운 소망을 펼치게 한다. 목련은 고귀한 사랑의 꽃이다. 미소 띤 얼굴의 그 사람과 똑같이 화자의 생명을 북돋우고 삶의 힘든 것을 지워준다. 그것은 해마다 거듭되는 약속으로 찾아오며 자연을 거스르지 않는 한 영원할 것이라는 믿음으로 시인의 가슴을 봄빛으로 채운다.

낮달이 떠난 자리에
구름 붙잡고 앉은 언덕집

풍경화 펼쳐진 옥답산야
녹색 시절로 나무들 불러내고

공중에 걸린 창문가
황톳빛 표정으로 앉은 새들이
무거운 어깨를 기대는 흙담

바쁜 일상에 끌려가며
주머니 속 빈손이 숨 쉬고 있다

순식간에 지나간 날들
바람길에 널린 아쉬움만
엉켜진 거미줄로 흐늘거리고

성적표 그린 바람에
죄 없는 흰머리만 만지작만지작
가방 꿈 뒤적이며 찾는 사이

시간을 싣고 달리는 기차
과거를 풀어낸 실타래
새 도화지에 펼치며 언덕 넘어간다

「주머니 속 빈손」 전문

욕망이 없다면 삶도 없다. 그냥 자연으로 시작하여 자연으로 돌아간다. 살겠다는 원초적인 욕망, 저절로 싹튼 사랑의 욕망, 도리를 지키겠다는 인정의 욕망, 등 사람은 무엇이나 욕망을 지니고 살아간다. 도 넘치면 없는 것 보다 못한다는 것을 알지만 성인군자라 할지라도 작은 욕망을 버릴 수가 없다. 공자도 사람을 가르치고 민초의 정치를 펼치기 위하여 전국을 돌아다니며 야심 찬 의욕을 보였다. 그것은 개인의 욕심이 아니라고 하지만 어디까지나 한 사람의 욕망일 수밖에 없다.

주머니는 대비를 위한 여유로 만들어진 옷에 달린 기능적 장치다. 지금 먹어서 배부르면 그만이지만 나중을 위하여 지니고 다녀야 배고픔을 면한다. 또한 온갖 생필품을 지니고 다니려면 입은 옷에 주머니가 필요하다. 자연에서 얻은 작은 욕망의 증거다. 서성권 시인은 그것마저도 무겁다. 얼마나 순수한 삶이면 얼마나 철학적인 삶이면 그런 경지에 오를까. 천지에 아무것도 소유하지 않겠다는 그야말로 무소유의 삶을 원하는 것이 어떤 경지인지를 말하는 작품이다. 주머니에 아무것도 넣지 않았는데 속에 넣은 주먹도 빈손이다.

텅 빈 하늘에 낮달, 구름 붙잡고 있는 언덕 위의 초가집, 활짝 열린 평야에 가득한 곡식들, 나무들은 저절로 녹색을 이루는 그야말로 선경에 무엇을 얻고 무엇을 거둘 것인가. 그곳의 새들은 욕심이 없고 오늘을 살면서 내일을 품지 않는다. 지금 사는 것에 최선을 다하면 되는 것이다. 시인은 그런 평야의 옥토에서 태어나 가난의 시절을 보내며 가장 사람다운 과정을 밟으며 현재에 이르렀다. 올 때 아무것도 가지지 않았으며 가지고 갈 것이 없으니 주머니도 비었고 주먹에도 든 것이 없다. 다만 지나온 삶의 그림을 아련하게 그리며 시간을 싣고 달리는 기차를 바라보며 유유자적 걸음을 걸으며 삶을 노래한다.

2. 발견의 직관에서 얻은 착상을 그려내기

아름다움을 느끼고 표현하는 것은 사람 중의 사람 시인이다. 누구나 경관에 취하여 좋다고 하지만 그건 감탄일 뿐이고 언어를 사용하여 아름다움을 그리는 사람은 시인이다. 시인은 언어가 없다면 한 편의 작품도 그리지 못한다. 예술과 미학은 사람이 진화하는 과정에서 발현된 자연적인 현상이지만 정신적인 면의 사유에서 그것을 재탄생시키는 것은 언어가 유일하다.

시는 마음의 문제를 진화적인 관점에서 이해하는 진화심리학이라고 할 수가 있다. 얼마나 많은 언어를 사용하기보다 얼마나 많은 언어를 진화시키느냐에 시인의 역량은 발휘된다. 서성권 시인의 역량은 언어 사용의 폭에서 크다고 할 수 있다. 다른 사람들과 사유가 다르고 폭이 다르지만 평생 다듬어 온 교육의 길에서 얻은 언어가 쌓이고 쌓여 새로운 관점의 언어를 창조한다. 아름다움을 그림 그리듯 펼치는가 하면 개성적인 이미지를 만들어 낸다. 이것은 발견의 직관에서 얻은 착상을 버리지 않는 습성에 있다. 미적 직관이나 감성을 바탕으로 하여 인간의 인간다움 인간의 의미론적 심리를 펼치는 것에서 알 수 있다.

바람이 분다

넉넉한 그늘로 살았던
벚나무 노란 잎
화려한 시절 지나
마지막 춤추며 떨어진다

높았던 꿈의 계절
바람 부는 시간을 꽃으로 살다
한 송이 한 송이 떨어지는
빈 가지의 바람집

욕심 내려놓고 자유를 꿈꾸며
뒤따른 갈바람에 쫓겨
훨훨 날아간다

가진 것 다 내어주고
비움으로 채워진 들판에
우두커니 선 나무는
혼자 힘으로 견딘다

가을 깊어지는 길목
옷 다 벗어내고
날아든 새에 자리를 내주며
하늘 향한 기원을 풀어낸다

「빈 가지의 바람집」 전문

바람은 공기의 이동이다. 빈자리를 찾아가는 공기의 나눔이라고 할 수 있으나 그것이 너무 크면 상처를 주고 너무 작으면 주나마나한 미풍이다. 바람의 이미지는 그래서 이동이고 떠남이며 돌아옴이다. 개인의 마음 이동도 바람이라 하며 기다리며 맞는 기대감도 바람이다. 세상의 모든 움직임을 바람이라고 하는 것은 끝없이 갈망하는 사람의 욕망에서 얻었기 때문이다. 전쟁의 바람, 사랑의 바람, 우정의 바람 모든 것은 움직임으로 알 수가 있으므로 바람이 없다면 이동이 없다. 사람은 바람의 이동으로 살아간다. 공기가 없다면 한순간도 살지 못하는 존재가. 사람이다. 서성권 시인은 바람의 집을 보았다. 삶의 원형을 본 것이다. 산다는 것은 이동이고 사유를 풀어내기다. 인류는 그렇게 살아왔고 물질만능 시대에 살아도 그것은 변하지 않는다. 시인의 눈에 그런 바람이 보인 것은 그만큼의 시간을 살아왔다는 증거다.

벚나무는 일찍 꽃을 피우고 잎을 내어 한철을 보낸 후 잎을 떨구면 동면에 든다. 늦가을 잎이 없는 가지에 바람이 앉고 그 바람 속에서 시간은 움츠리는 게 아니라 끊임없이 간다. 바람 부는 시간만큼 꽃으로 살자는 시인의 각오는 자유를 꿈꾸며 바람을 따르고 멈추지 않는 바람은 끝없는 방황을 요구한다. 그게 삶이다. 그러다가 가진 것을 모두 내어주고 빈자리로 남아 바람을 맞이하는 나무는 일시적으로 시간을 잊은 사람, 곧 화자를 가리킨다.

    교육자의 삶이 세월을 이기지 못하고 멈춰버려 갑자기 찾아온 공허, 이제는 무엇을 할까. 어떤 바람으로 삶을 일으킬까. 하는 고민에 잠시 허공을 보지만 가을 옷을 벗어 던지고 날아든 새에 자리를 내주면 바람의 집이 되어주는 나뭇가지에서 새로운 바람을 본 시인은 이제까지 겪어보지 못한 시의 바람을 맞이하는 눈을 크게 뜬 것이다.

    강물 굽이쳐 흐르는 넓은 평야의 습지
    갈대숲 사이길 따라 흐드러진 구절초
    어머니의 가슴에 핀다

    아홉 마디 꺾인 허리 절구에 넣고
    부서진 무릎줄기 방아질에 끓겨
    며칠씩 떡을 얹었던 꽃잎
    마당 멍석에 눕는다

    추운 겨울바람 부는 땅에 버려져도
    흙 속에 내린 뿌리 견뎌내고

많은 새순 키우며 기다린 가을
학수고대 모가지 늘어났다

숨 못 쉬게 뜨거운 여름
폭우에 쓸려 잎줄기 상해도
상처 딛고 활짝 핀 구절초

노란 저고리 어머니 그림자
주름진 손가락 갈라진 날개의 꿈
가을에 실려 온 행복의 나래 펼치고

초록의 강 언덕 하얀 사랑의 꽃
그리움 물든 숲 사이
햇볕 안고 흐르는 강물

모진 세월의 그늘 지우며
물빛에 뜬 윤슬로 굽이쳐
온 세상 환하게 밝힌다

「어머니 사랑꽃」 전문

어머니, 어머니 백번 천번을 불러 봐도 가시지 않는 복받치는 감격은 누구에게나 공통이다. 효자라고 하는 사람들이나 불효자라고 생각하는 사람들 모두 공통의 심경을 보이는 대상이 어머니다. 곁에 계실 때는 모른다. 그 높은 정성과 그 넓은 폭을 전혀 알지 못하고 당연하게 그 자리에 계실 거라고 믿는 가장 위대한 존재 어머니, 은혜를 갚겠다는 다짐은 생전에는 잊고 돌아가시면 그때야

효를 다하지 못했다고 후회하지만 이 땅에 어머니는 계시지 않는다.

구절초는 어머니의 꽃이다. 아홉 번 꺾여야 비로소 경지에 다다르는 꽃, 어머니의 허리와 관절통을 낫게 하려는 자연의 약초, 구절초는 어머니의 상징이다. 초례청에서 한번 꺾이고, 보리방아 절구질에 또 한 번, 삼베길쌈 물레질에 두 번 꺾여 가마솥 여닫으며 다시 한 번, 콩밭에서 한숨 쉬며 또 한 번, 아들딸 낳느라 두 번 더 꺾여 꺾이고 나눠주다 지팡이 짚고 다시 꺾여 아홉 번을 꺾임으로 생을 마감하는 어머니는 싹이 트고 꽃이 필 때까지 아홉 번 꺾이고도 살아나는 구절초의 생태와 한 치도 틀리지 않는다. 추위에도 아랑곳없이 자식들을 살피는 어머니를 위하여 가을 구절초를 뽑아다가 말려 약을 달이는 자식들은 많았지만 시인처럼 어머니의 생애를 전부 구절초로 그려낸 사람은 없을 것이다. 그만큼의 사랑으로 자식을 키웠을 시인의 어머니는 모진 세월 그늘을 물빛에 뜬 윤슬로 씻어내며 강변에 환한 꽃을 피우고 가셨지만 아들인 시인은 그 모습을 지울 수 없는 그림으로 그려내어 세상을 밝히는 등불로 삼았다.

3. 현실적인 존재 방식을 생동적인 현상으로 표현하기

서성권 시인의 언어는 대체로 항상 맞이하는 사물과의 대화에서부터 시작한다. 그것만으로는 부족하여 불확정적이며 분명하지 못한 사유의 전개를 동일한 언어로 반복하여 표현하려는 의도를 가지고 있다. 사실이라 할지라도 보이는 세계의 사물 유추에 의해서 표현하는 성격을 가졌다. 추상적으로 표현하는 낱말들도 언어로서 일반화하면 주체적인 깊이를 가지게 되는 특징을 보인다. 이것은 시의 현실적인 존재 방식을 생동적인 현상으로 표현하기에 가능하다.

창조적인 언어를 억지로 구사하기보다 일상적인 언어에서 깊이를 찾아내는 밝은 눈과 고운 심성이 있어 가능한 일이다. 사람이 이해할 수 있는 만큼의 언어를 동원하고 해석할 수 있을 만큼의 사유를 표현한다. 결국 시인의 걸음은 사랑으로 시작하여 그 사랑은 자신을 사랑하는 것으로 출발하고 그 길에서 인류를 사랑하는 방법을 터득하는 길이다. 삶의 본질이 무엇인지를 깨닫지 못했다면 이러한 결과는 이룰 수가 없다. 언제 어디서든 무엇인가를 찾아 허상에 갇히지 않는 본질적 근거에 의하여 시를 쓰는 것이다.

숱한 사연 실은 기차
무더운 시간 위를 달린다

지평선 울리는 바퀴소리
무거운 삶을 지고 삐걱거리며
철바퀴에 감겨 엉킨 마음들

다른 색깔과 조각무늬들
맞추려 바둥거리는 세월의 언저리
내일을 꿈꾸며 강 언덕 달리고 있다

행복한 만남은
소중한 시간 속에 머물렀고
그리운 사람 기억을 더듬으며
바람에 귀 기울이는 연정

지난 일 꿈꾸듯 되돌아보는 일기장엔
삶의 흔적 새겨진 조각글씨
시름의 구름에 걸려 있다

다시 쓰는 안개 속의 다짐
대지를 울리며 펼치는 고동소리
생의 끝 알지 못하는 시간을 달린다

「삶의 한가운데」 전문

  삶의 바퀴는 어디에서 출발하여 어디에 멈출지 아무도 모른다. 다만 출발지는 짐작하지만 그것은 생태적인 것이고 근본의 출발지는 알 수가 없다. 부모에게서 받아 나왔으나 그 정신과 원형은 하늘이 준 것인지 땅이 준 것인지는 알 수 없다. 그러나 사람은 삶을 받았으며 그 삶을 위하여 앞으로 나간다. 종착지를 모른 채 끝날 때까지 가는 것이다. 여기에서 의문을 품는다. 어디까지 갈 수 있을까. 무엇을 얻을 수 있을까. 나는 누구인가 등등 수많은 의문을 쌓으며 종말을 향해 간다. 아무도 답은 찾지 못했다. 자연의 상태를 벗어나지도 못했고 주위의 간섭이나 방해도 해결하지 못한다. 혼자 갈 수도 없는 삶의 길, 아무도 회피하지 못하는 것인데 처음과 중간 그리고 끝을 알 수가 있을까. 시인은 그것을 밝히려 한다. 아무도 알아 내지 못한 것을 알려고 한다.

 삶이라는 기차는 어느 순간에도 멈추지 않고 달린다. 삐걱거리는 소리를 내면서도 멈추지 않는 길, 서로 다른 색깔을 품고 뒤를 모른 채 앞으로 달린다. 그 속에서 만남이 이뤄지고 그 만남으로 인하여 행과 불을 느끼며 자신의 위치를 찾는다. 그러나 모른다. 앞을 모르기에 더 빨리 달리는 속성을 버리지 못하고 다툼으로 일관하는 삶의 길이다. 시인은 지난 일을 꿈꾸듯 되돌아보는 일기장에 삶의 흔적은 조각으로 남겼지만 그것마저도 구름에 가려진 길이라고 고백하며 대지를 울리는 기적소리를 혼자 들으며 끝을 알지 못하는 길을 달린다고 순수의 자책을 한다. 그렇다. 시인이 말하는 살의 한가운데는 그 중앙이 아니라 끝없는 길을 지금 가고 있다는 행동에 현실을 말한다. 어디가 처음이고 끝인지는 모르지만 지금 가고 있으므로 여기가 한 가운데라도 하며 삶은 잠시도 놓을 수 없는 네일 타기라고 한다.

    손 내밀어도 만질 수 없고
    다가갈수록 멀어지는 구석에
    앉을 수 없는 의자 놓여 있다

    간직하고 싶은 소망의 시간
    만질 수 없는 허망의 몸짓으로
    허공만 움켜쥐는 빈손
    멀어지는 등대 불빛에 손짓하고

    화려한 꽃밭에서
    짙은 향기에 벌 나비 어울려
    입맞춤하던 꿀밭

    시든 꽃 사라진 겨울 언덕에
    빈 주머니 만지작거리며
    그리움 펼치는 바람의 자리

    향기 짙게 퍼지는 꽃밭에서
    사랑의 허기 채웠던 봄날
    따뜻한 햇살에 하루가 지나고

    바람이 사는 밭
    갈망의 몸짓으로
    앉을 수 없는 빈자리

「바람이 사는 밭」 전문

밭은 인류의 터전이다. 원래의 뜻을 본다면 흙으로 된 땅, 물을 채우지 않고도 작물을 재배하는 기본적인 터전이다. 한자 田의 뜻을 보면 십자에 담을 두른 형태의 무엇을 보호한다는 의미인데 십자는 사방으로 뻗은 가운데를 말하고 그 가운데가 사람의 터전이며 그것을 보호하는 의도에서 밭 전자(田)의 형상을 만들었다. 한마디로 밭은 생명을 주는 가장 원시적인 터라고 할 수가 있다. 벼가 재배되기 전에 밭은 작물을 가꾸는 기초적인 터전으로 유목생활에서 농경사회로 변하는데 가장 중추적인 역할을 하였다. 밭에서 모든 문명은 시작되고 문화를 이뤄냈으며 인간의 모든 것은 밭으로부터 온 것이다. 우리는 논을 위주로 쌀을 재배하여 주식으로 삼지만 남미와 유럽 등은 아직도 밭을 위주로 밀과 보리 옥수수 등을 주식으로 하는 것을 볼 수가 있는데 그만큼 생명의 근원이 밭이다. 서성권 시인은 모든 삶은 밭으로 귀결되며 밭의 역할이 인류를 이뤄냈고 밭을 터전으로 지금도 살아가는 인간의 근원을 삶의 천착으로 풀어내었다.

삶은 고난의 연속이다. 손 내밀어도 누가 주지 않으며 자기 것이 아니다. 거기에 있는 의자는 누구나 앉을 수 있으나 영원하지 않고 간직하려는 모든 것은 바람처럼 쥐어지지 않는다. 걸음마다 안개가 휩싸이고 이정표의 등대는 멀기만 한 일상, 무엇을 얻고 무엇을 잃는 것인지도 모른다. 그냥 자신도 모르게 바람이 되어 떠돌다가 어느

한 곳에 앉으면 곧 떠나야 한다.

　밭은 그런 모든 것을 보듬어 주는 안식처다. 가족이 있는 집, 일터가 있는 직장, 화목을 나누는 친구와의 우정과 사회 각층에서 만난 인연들이 하나로 다져져 삶의 기반을 만든다. 바람이 멈춰 삶을 이루는 장소가 밭인 것이다. 우리는 모두 바람이고 멈춤 없이 가는 것 같아도 어딘가에 머물러야 역할을 할 수가 있다. 그런 바람의 삶을 밭이 만들어 주고 품어주는 것이다. 시인은 우리의 삶을 바람이라 확정 짓고 그 바람이 머물 수 있는 밭을 그렸으나 아무나 앉지 못한다는 것을 강조한다. 너무 높은 의자를 원하기 때문이다. 결국 밭이 모든 것을 만들어 주고 품어주지만 자신의 자리는 정해져 있으며 욕망이 과도하면 자신의 자리를 내어줄 밭도 잃는다.

　서성권 시인은 천생 시인이다. 삶의 후반부에 이르러 시를 쓰고 있지만 진즉부터 시의 씨앗을 싹틔울 준비를 하고 있었으며 시의 방향을 잡아나가고 있다. 자연 속의 인간은 나약한 존재라는 것을 터득하고, 내면의 슬픔이나 고뇌 등 희로애락의 모든 것을 오감으로 체험하는 과정을 거친 경험적인 언어를 찾아낸다. 작품마다 전하려는 의도가 보이는 것은 생명의 기운을 확실하게 느낀 이미지를 찾았기 때문이다.

　어떠한 장치를 가미하지 않아도 독자의 이해도가 즉각

적으로 나타나게 하는 순한 언어로 가득하다. 교육자로서 자세를 잊지 않고 사회적인 섬세함을 지닌 시 쓰기로 발견의 지관에서 얻은 착상을 뚜렷하게 그린다. 또한 현실적인 존재 방식을 생동감 있게 표현하는 기법이다. 이런 것들이 모여서 자연과 하나가 되는 삶을 점철시켜 이해하고 해석하는 과정을 밟아 이번 시집을 상재한다. 앞으로 많은 작품을 쓸 것으로 기대하며 시집 발간을 축하한다.

바람이 사는 밭

초판 인쇄   2024년 9월 3일
초판 발행   2024년 9월 9일

지은이 서성권
발행인 임수홍
편 집 맹신형

발행처 한국문학신문
주 소 서울 강동구 양재대로 114길 32 2층
전 화 02-476-2757~8   FAX 02-475-2759
카 페 http://cafe.daum.net/lsh19577
E-mail kbmh11@hanmail.net

값   15,000원

ISBN   979-11-90703-86-4

· 저자와의 협약에 의해 인지는 생략합니다.
· 이 시집의 글은 저작권법에 따라 보호를 받는 저작물이므로 저자와 출판사의 동의 없이는 무단 전재 및 무단 복제를 금합니다.

· 잘못된 책은 바꾸어드립니다.